Inhalt

Die Top Drei - Strategien der deutschen Reiseveranstalter im Vergleich

Kernthesen

Beitrag

Fallbeispiele

Zahlen und Fakten

Weiterführende Literatur

Impressum

GENIOS BranchenWissen Nr. 11/2005 vom 20.11.2005

Die Top Drei - Strategien der deutschen Reiseveranstalter im Vergleich

Autor GENIOS BranchenWissen: I.Zeilhofer-Ficker

Kernthesen

- Die drei Reisekonzerne TUI, Thomas Cook und die Rewe Touristik beherrschen über die Hälfte des deutschen Reiseveranstaltermarktes.
- Den kontinuierlich steigenden Kerosinpreisen wurde bei allen drei Veranstaltern durch höhere Preise für die Angebote der Sommersaison 2006 Rechnung getragen.

- Während TUI und Thomas Cook künftig vor allem den Online-Reisevertrieb stärken wollen, setzt die Rewe Touristik auf den bewährten stationären Reisevertrieb.
- Dem verstärkten Kundenwunsch nach Individualisierung des Reiseangebotes stellen die Reiseanbieter vermehrt Bausteinangebote aber auch spezielle Angebote für diverse Zielgruppen entgegen.

Beitrag

Über die Hälfte der Veranstalterreisen in Deutschland werden bei den großen Drei TUI, Thomas Cook und Rewe gebucht. Mit neuen aber auch bewährten Angebotsstrategien und Vertriebsorganisationen wird versucht, den Marktanteil ständig zu vergrößern.

Die Top Drei Reiseveranstalter in Deutschland

Der Veranstaltermarkt in Deutschland

Rund 18,6 Milliarden Euro haben die deutschen Reiseveranstalter im Geschäftsjahr 2003/2004 (1. November bis 31. Oktober) mit fast 35 Millionen Reisegästen umgesetzt. Wie der Deutsche Reiseverband (DRV) schätzt, soll sich der Umsatz im gerade zu Ende gegangenen Geschäftsjahr um fünf Prozent auf etwa 19,5 Milliarden Euro erhöht haben. Die Tourismusindustrie konnte dabei einen gesamtwirtschaftlichen Produktionswert von 185 Milliarden Euro sowie eine Wertschöpfung von 94 Milliarden Euro erwirtschaften. (1), (2)

Über die Hälfte des Marktes wird dabei von den Touristikkonzernen TUI, Thomas Cook und Rewe Touristik abgedeckt, die auch im gesamteuropäischen Markt auf den Spitzenplätzen zu finden sind. Alle drei Konzerne sind mit ihren Beteiligungen an eigenen Hotels und Charterfluglinien sowie Agenturen in den Zielgebieten als integrierte Reisekonzerne aufgestellt. (2), (3)

TUI

Die auf Touristik und Containerschifffahrt spezialisierte TUI erzielte mit fast 7 Millionen deutschen Gästen im Geschäftsjahr 2003/2004 einen Umsatz von 4,13 Milliarden Euro. Und auch im gesamteuropäischen Markt steht die TUI unangefochten an der Spitze. Für das gerade abgelaufene Geschäftsjahr 2004/2005 meldet die TUI Deutschland ein Umsatzplus von 5,3 Prozent und sogar 14,7 Prozent höhere Gästezahlen. Dabei muss allerdings berücksichtigt werden, dass erstmals die Zahlen des Billigfliegers HLX mit eingerechnet wurden. (3), (4), (5), [Abb.1]

Die Buchungen für die laufende Wintersaison sind auf Vorjahresniveau und für das Geschäftsjahr 2005/2006 erwartet man ein Umsatzwachstum von vier bis fünf Prozent. Als interessant dürfte sich im kommenden Jahr das weitere Vorgehen der TUI bezüglich seines Kreuzfahrtangebotes erweisen. Die unter der Marke Hapag-Lloyd durchgeführten qualitativ hochwertigen Schiffsreisen sollen eventuell mit größeren Schiffen für den Massenmarkt verstärkt werden. (4), (5), (6)

Thomas Cook

Mit 2,92 Milliarden Euro Umsatz und 5,5 Millionen Gästen liegt die Thomas Cook Gruppe mit ihrer bekanntesten Marke Neckermann-Reisen auf dem zweiten Platz. Die Sommersaison 2005 brachte

Thomas Cook ein Umsatzplus von ca. drei Prozent bei fünf Prozent mehr Gästen. Für das Geschäftsjahr 2005/2006 rechnet man bei Thomas Cook nur mit einem Marktwachstum von zwei Prozent, glaubt aber schneller wachsen zu können als der Markt. (3), (7)

Thomas Cook wird zu jeweils 50 Prozent vom Karstadt-Quelle-Konzern und der Deutschen Lufthansa gehalten. Karstadt-Quelle hat in den vergangenen Wochen den Wunsch nach Übernahme der Kontrolle über das Touristik-Geschäft zum Ausdruck gebracht. Allerdings stellt man sich vor, dass die dazu gehörige Charterfluglinie Condor, die von den momentanen Turbulenzen im Fluggeschäft gebeutelt ist, bei Lufthansa verbleiben soll. Lufthansa ließ zwar verlauten, dass sie momentan nicht an einem Verkauf ihrer Anteile interessiert sei, weitere Verhandlungen sind aber mit Spannung zu erwarten. (2), (8)

Rewe Touristik

Mit 5,76 Millionen Gästen hat die Rewe-Touristik Thomas Cook im Jahr 2003/2004 bei den Gästezahlen bereits vom zweiten Platz verdrängt, der Umsatz blieb aber mit 2,79 Milliarden unter den Cook-Zahlen. Mittelfristig hat man sich den zweiten Platz auch beim Umsatz zum Ziel gesetzt. (9)

In diesem Jahr dürfte das allerdings noch nicht gelungen sein. Die Pauschalreiseveranstalter ITS, Jahn und Tjaereborg melden ein Umsatzplus von nur 1,2 Prozent sowie einen Zuwachs bei den Gästen um 0,5 Prozent. Die Baustein- und Spezialanbieter Dertour/Meiers/ADAC können eine Umsatzsteigerung von rund 4 Prozent verzeichnen. Für das kommende Jahr rechnet Rewe mit einem minimalen Wachstum des Marktes von einem Prozent. (9), (10)

Die Themen der Branche

Preisgestaltung

An den hohen Kerosinpreisen kommt kein Veranstalter mehr vorbei. Für die laufende Wintersaison werden Kerosinzuschläge berechnet und die Preise für die Sommersaison sind entsprechend angehoben. Bei der TUI steigen die Preise um ca. 2,3 Prozent, bei Thomas Cook zwischen einem und drei Prozent und bei Rewe um 1,5 bis 4 Prozent. Einzig die Thomas Cook Billigmarke "Neckermann Preisknüller" meldet niedrigere Preise als im Vorjahr. Hier will man auch verstärkt mit tagesaktuellen Preisen arbeiten, die entsprechend der Nachfrage angepasst werden können. (11), (12)

Marketingstrategien

Der hohe Anteil von Last-Minute-Reisen von über 20 Prozent stellt für alle Reiseanbieter ein großes Problem dar. Seit zwei Jahren werden deshalb vermehrt Frühbucher-Angebote auf den Markt gebracht, die die Planung stabilisieren sollen. Erstmals für die Wintersaison 2005/2006 hat Neckermann einen Vorverkaufskatalog zwei Monate vor Erscheinen der Saison-Kataloge geliefert, der sehr gut angenommen wurde und Neckermann ein Buchungsplus für die Wintersaison bescherte. Ein nur sechs Wochen gültiger Vorverkaufskatalog mit supergünstigen Preisen für den Sommer 2006 soll ein ähnlich gutes Buchungsergebnis gewährleisten. Sowohl bei TUI als auch bei der Rewe-Gruppe hält man nicht viel von dieser Strategie und deren Sommerkataloge werden wie gewohnt im November erscheinen. (13)

Als Anreiz für die vielen Touristen, die ihren Urlaub selbst organisieren, entwickelte sich bei ITS Autoreisen vor einigen Jahren das Konzept der

Zugaben. Die Autobahn-Vignetten für Österreich oder die Schweiz sind im Reisepreis enthalten, wenn ein entsprechender Urlaub gebucht wird und ein ganzes Paket von weiteren Zuckerln wird verteilt. Mittlerweile sind auch Neckermann und TUI auf den Zug aufgesprungen und bieten ihre eigene Auswahl an Gutscheinen und Gratisgaben. (14)

Bei der TUI ist man davon überzeugt, dass der Pauschalreisende vor allem Sicherheit und Rundum-Betreuung sucht. Man wirbt deshalb aktiv für das mittlerweile zertifizierte Krisenmanagement und stellt die schnelle Hilfe bei Problemen jeder Art als klaren Mehrwert dar. Viele Mitkonkurrenten haben zwar ein ähnlich gutes Krisenmanagementsystem geschaffen, befürchten allerdings durch die aktive Werbung dafür mehr Kunden zu verunsichern denn zu gewinnen. (15)

Zielgruppenangebote

Familien werden mit Kinderfestpreisen geködert, für "Best-Ager" gibt es 55plus-Angebote und für Genießer das Programm "Lebensart". Die Reiseveranstalter haben erkannt, dass Reisende unterschiedliche Pläne, Wünsche und Bedürfnisse haben und gehen mit gezielten Angeboten darauf ein.

Dem durch Billigflugangebote geweckten Drang nach individuellen Reiseangeboten wurde in unterschiedlicher Art und Weise Rechnung getragen. Während die Rewe-Gruppe mit ihrem auf Bausteinreisen spezialisierten Veranstalter Dertour führend auf dem Baustein-Markt ist, flexibilisierte Neckermann das Pauschalangebot dahin gehend, dass viele Hotels auch ohne Flug gebucht werden können. Auch bei der TUI gibt es eine Reihe von Nur-Flug und Nur-Hotel-Arrangements für die Reisegäste. [16], [17]

Schon die Organisationsstrukturen sind in allen drei Konzernen der Kundensegmentierung angepasst. Während für qualitativ anspruchsvolle, höher preisige Angebote bei TUI der Anbieter Airtours zuständig ist, findet man dieses Angebot bei Rewe in der Marke Jahn-Reisen und bei Thomas Cook im Thomas Cook Programm. Den Massenmarkt bedient die TUI unter der Marke TUI, Thomas Cook unter Neckermann und Rewe mit ITS. Wer auf der Suche nach Niedrigpreisangeboten ist, wird bei 1-2-Fly von TUI, Neckermann Preisknüller von Thomas Cook und Tjaereborg von Rewe fündig. [2], [18]

Vertriebskanäle

Das Internet gewinnt für den Verkauf von Reiseangeboten kontinuierlich an Bedeutung. Sowohl TUI als auch Thomas Cook stärken daher ihren eigenen Online-Vertriebskanal mit neuen Programmen und virtuellen Veranstaltern. Die bekannten nicht Konzern eigenen Online-Reiseportale wie expedia.de, lastminute.com oder billigweg.de verärgerten TUI und Thomas Cook vor einigen Wochen mit Provisionskürzungen auf nur noch sechs bis neun Prozent, mit der Begründung, dass der Online-Vertrieb kostengünstiger durchgeführt werden kann. Dieses Vorgehen führte zum Rauswurf der TUI-Angebote aus diesen Portalen. (19), (20)

Auch der stationäre Vertrieb via Reisebüros ist zur Zeit nicht gut auf TUI und Thomas Cook zu sprechen. Für den Einzelflugschein-Verkauf wurden die Provisionen drastisch gekürzt und die neuen Provisionsverträge für das laufende Geschäftsjahr enthielten ziemlich unvorteilhafte Malus-Regelungen, die die Reisebüros bei sinkenden Umsätzen des jeweiligen Veranstalters schnell viele Tausende von Euro an geplanten Einnahmen kosten können. Als Antwort auf den gestiegenen Druck durch die Hauptveranstalter wurde der erste Reisebüro eigene Veranstalter Travelers Friend gegründet. (21)

Bei der Rewe-Gruppe sieht man momentan noch die

Hauptaufgabe darin, den bewährten Reisebürovertrieb zu pflegen und zu stärken. Dem Online-Vertrieb steht man eher verhalten gegenüber. (2)

Fallbeispiele

Bei Meiers Weltreisen hat man in diesem Jahr erstmalig eine Ski-Safari nur für Frauen im Programm. Während der neuntägigen Tour können Ski begeisterte Damen nicht nur die Pisten zwischen Banff und Jasper (Kanada) erkunden, sondern außerdem noch einen speziell für Frauen entwickelten Ski testen. (22)

Unter dem Motto "Lebensart" bietet Thomas Cook erstmals ein eigenes Katalogprogramm für Reisen für Genießer. Die zwei- bis viertägigen Wein- und Gourmetreisen führen nach Deutschland, Österreich, Frankreich, Italien oder Spanien. (23)

Der TUI Club Elan wurde speziell für die Ansprüche der Urlauber jenseits der 60 gegründet. Zu den Angeboten gehören neben gemeinsamen Ausflügen und Massagen auch Sport- und Hobbyangebote. Das

Programm kann in bestimmten Hotels auf den Kanaren oder Mallorca in Anspruch genommen werden. (17)

Zahlen & Fakten

Top Reiseveranstalter nach Umsatz 2003-2004

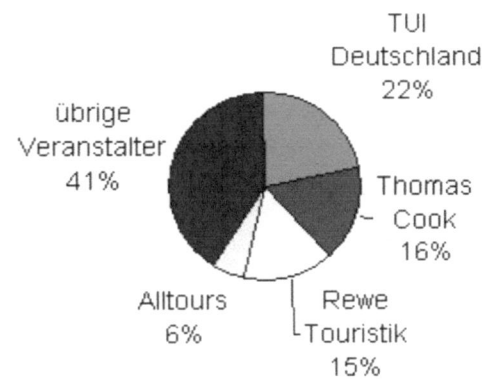

Quelle: FVW International

entnommen aus: FVW International, 17.12.2004, S. 12

Weiterführende Literatur

(1) Deutsche haben wenig Lust aufs Reisen
aus Süddeutsche Zeitung, 14.10.2005, Ausgabe Deutschland, S. 21

(2) Die neue Lust auf Reisen
aus Frankfurter Allgemeine Zeitung, 06.08.2005, Nr. 181, S. V22

(3) D: Top Reiseveranstalter 2003-2005
aus FVW International, 17.12.2004, S. 12

(4) Tourismus: Markt wird 2006 um vier bis fünf Prozent wachsen Fernreisen werden teurer Europas größter Reisekonzern ist optimistisch. TUI will stärker als die Branche zulegen.
aus Hamburger Abendblatt, 07.11.2005, Nr. 260, S. 20

(5) TUI fürchtet Buchungsflaute während der Fußball-WM
aus Frankfurter Allgemeine Zeitung, 07.11.2005, Nr. 259, S. 14

(6) Kreuzfahrten auf der Erfolgswelle Zweistelliger Zuwachs bei Buchungszahlen - TUI prüft Einstieg in Massenmarkt - Branchenmesse Seatrade in Hamburg
aus DIE WELT, 31.10.2005, Nr. 254, S. 33

(7) Thomas Cook und Neckermann übertreffen Konkurrenz Reiseveranstalter rechnet im laufenden Jahr mit Gewinn / Sommergeschäft startet früher /

Keine weiteren Kerosinzuschläge
aus Frankfurter Rundschau v. 24.09.2005, S.15, Ausgabe: S Stadt

(8) Reise ins Ungewisse
aus Manager Magazin, 21.10.2005, Nr. 11, Seite 78

(9) Rewe-Touristik erwartet nur kleines Umsatzplus
aus Frankfurter Allgemeine Zeitung, 29.10.2005, Nr. 252, S. 19

(10) Winter-Angebote von heiß bis Eis Frankfurter Veranstalter Dertour als Marktführer für Fernreisen weiter auf Wachstumskurs
aus Allgemeine Zeitung vom 22.10.2005

(11) Pauschalreisen: Veranstalter heben Tarife an - nur Frühbucher sparen Kostenschub für den Sommerurlaub 2006 schlagen die hohen Kerosinpreise endgültig durch.
aus Hamburger Abendblatt, 12.11.2005, Nr. 265, S. 6

(12) Neckermann senkt Preise Touristikangebot wird billiger
aus Frankfurter Rundschau v. 07.09.2005, S.15, Ausgabe: S Stadt

(13) Klimawandel
aus Frankfurter Allgemeine Sonntagszeitung, 02.10.2005, Nr. 39, S. V4

(14) Kostenlose Urlaubs-Extras Gratisgaben von Reiseveranstaltern: Wellnesspakete, Maut-Vignetten,

Mietwagen
aus Mitteldeutsche Zeitung vom 11.10.2005

(15) Krisenmanagement wird für Tui immer wichtiger
aus Stuttgarter Zeitung, 12.11.2005, S. 19

(16) Keine Zukunft ohne Billigflug
aus Frankfurter Allgemeine Zeitung, 18.08.2005, Nr. 191, S. R2

(17) Urlaubsfreuden im besten Alter Die Reisebranche hat längst die Best Ager als interessante Zielgruppe entdeckt: Mehr Angebote, ausgeweitete Rabatte. Von Golfen in Spanien, Wellness an der Ostsee bis Tiefschneetouren in den Alpen
aus DIE WELT, 12.11.2005, Nr. 265, S. R11

(18) Reiseleiter auf schwierigem Terrain
aus werben & verkaufen Nr. 22 vom 02.06.2005 Seite 008

(19) Online-Reisegeschäft lockt mit starkem Wachstum Konsolidierung beendet - Wettbewerb zwischen Reservierungssystemen und heimischen Veranstaltern
aus Börsen-Zeitung, 05.11.2005, Nummer 214, Seite 12

(20) Reise-Portale schubsen TUI aus dem Angebot
aus <e>MARKET Webmagazin vom 09.11.2005

(21) Reisebüros widersetzen sich dem Druck der Reiseveranstalter
aus Frankfurter Allgemeine Zeitung, 27.07.2005, Nr.

172, S. 14

(22) Warane oder Ski-Safari für Frauen Meier's Weltreisen offeriert für den kommenden Winter viele neue Angebote in der Ferne
aus Allgemeine Zeitung vom 15.10.2005

(23) Thomas Cook baut Lifestyle-Angebote aus Neu im Sommerprogramm: "Reisen für Genießer"
aus DIE WELT, 05.11.2005, Nr. 259, S. R8

Impressum

Die Top Drei - Strategien der deutschen Reiseveranstalter im Vergleich

Bibliografische Information der deutschen Nationalbibliothek

Die Deutsche Nationalbibliothek verzeichnet diese Publikation in der deutschen Nationalbibliografie; detaillierte bibliografische Daten sind im Internet über http://dnb.d-nb.de abrufbar.

ISBN: 978-3-7379-2938-7

© 2015 GBI-Genios Deutsche Wirtschaftsdatenbank GmbH, Freischützstraße 96, 81927 München, www.genios.de

Alle Rechte vorbehalten. Dieses Werk ist einschließlich aller seiner Teile – z.B. Texte, Tabellen und Grafiken - urheberrechtlich geschützt. Jede Verwertung außerhalb der Grenzen des Urheberrechtsgesetzes bedarf der vorherigen Zustimmung des Verlags. Dies gilt insbesondere auch für auszugsweise Nachdrucke, fotomechanische

Vervielfältigungen (Fotokopie/Mikroskopie), Übersetzungen, Auswertungen durch Datenbanken oder ähnliche Einrichtungen und die Einspeicherung und Verarbeitung in elektronischen Systemen.